INTRODUCCIÓN Y FILOSOFÍA

SESIÓN 1

DR. AARON R. JONES
Prólogo del Dr. Timothy M. Hill

Conectando el Evangelismo y el Discipulado

CUADERNO DE ACTIVIDADES

Introducción y Filosofía

Dr. Aaron R. Jones

Cuaderno de actividades de Conectando el Evangelismo y el Discipulado

Introducción y filosofía

Derechos reservados© 2018 de Dr. Aaron R. Jones

Impreso en los Estados Unidos de América

Publicado por Kingdom Publishing, LLC, Odenton, MD 21113

Todos los derechos reservados. Ninguna parte de esta publicación puede ser reproducida o transmitida, de manera alguna, ni por ningún medio, ya sea electrónico o mecánico, de grabación o de fotocopia, o de otro medio, o por cualquier almacenamiento de información o sistema de archivos, sin permiso previo escrito del autor, excepto en el caso de la cita de fragmentos cortos en una reseña u opinión.

El texto bíblico en el documento original en inglés ha sido extraído de la versión de la Biblia del Rey Jacobo (en inglés, *King James Version*). Editorial Thomas Nelson Publishers, Nashville: Thomas Nelson, Inc. 1972. El texto bíblico en la traducción al español ha sido extraído de la versión Reina-Valera 1960 (RVR1960).

Editor: Sharon D. Jones

Diseñador Gráfico: Janell Mcilwain de JM Virtual Concepts
                        Tiara Smith

ISBN 978-1-947741-30-0

Tabla de Contenidos

SESIONES CONECTANDO EL EVANGELISMO Y EL DISCIPULADO 1

Prólogo 3

Visión y Objectivos 5

    Objetivos #1 Encender el fuego del creyente 7

    Objetivos #2 Inspirar el corazón del cryente 9

    Objective #3 Informar a la mente del cryente 11

    Objetivos #4 Iluminar el llamado de Dios 13

PRINCIPIOS DEL EVANGELISMO 17

    Principios #1 Las almas son el corazón de Dios 19

    Principio #2 El Evangelismo enseña el Evangelio 21

    Principio #3 Un herramienta ordenada por Dios 23

    Principio #4 El Evangelismo nos acerca a Dios 25

    Principio #5 El Evangelismo elimina el velo 27

PRINCIPIOS DEL DISCIPULADO 29

    Principio #1 El discipulado es una herramienta ordenada por Dios 31

    Principio #2 El discipulado instaura y cultiva el Evangelio dentro de nosotros 33

    Principio #3 El discipulado es para aquellos hallados en Cristo 35

    Principio #4 El discipulado afina nuestra visión 37

    Principio #5 El discipulado explica la verdad 39

Acerca del autor 41

Página de contacto 43

SESIONES
CONECTANDO EL EVANGELISMO Y EL DISCIPULADO

Sesión 1:   Introducción y filosofía

Sesión 2:   5 principios para fomentar el Evangelismo

Sesión 3:   Componentes del Evangelismo

Sesión 4:   La carnada del Evangelismo

Sesión 5:   Metodología del Evangelismo

Sesión 6:   La plantación de iglesias produce Evangelismo y discipulado

Sesión 7:   Niños en Cristo

Sesión 8:   Componentes del discipulado

Sesión 9:   Evangelismo y plan del discipulado

Sesión 10: El espíritu del perdón

Prólogo

Cuando Dios llama a un hombre de fe y fortaleza para un propósito particular en la construcción de Su Reino, Él usa a una persona como el Dr. Aaron Jones.

Al sentir la urgencia del momento, el Dr. Jones moldeó su participación en el Compromiso FINAL al enfatizar la fusión de las estrategias de evangelización y discipulado para ayudar a las iglesias e individuos en su camino para salvar las almas perdidas efectivamente. Como pastor principal de la Iglesia de Dios New Hope, conoce muy bien lo que se necesita para influenciar la Gran Comisión de nuestro Señor.

La vocación del Dr. Jones es enseñar como impactar positiva y deliberadamente en ganar y luego discipular almas para un poderoso servicio Cristiano. Su enfoque inclusivo interesará y empujará a aquellos dispuestos a seguir el corazón de Dios.

¡Conectando el Evangelismo y el Discipulado cambiará el rumbo de su alcance!

Dr. Timothy M. Hill
Supervisor General
Iglesia de Dios, Cleveland, Tennessee

Vision y Objectivos

Visión

"Construir el Reino de Dios a través del Evangelismo intencional y el discipulado de almas."

_____
_____
_____
_____
_____
_____
_____

Objetivos

- Encender el fuego del creyente

- Inspirar el corazón del creyente

- Informar a la mente del creyente

- Iluminar los mandamientos de Dios

Objetivos #1

Encender el fuego del creyente

"Pero recibiréis poder, cuando haya venido sobre vosotros el Espíritu Santo, y me seréis testigos en Jerusalén, en toda Judea, en Samaria, y hasta lo último de la tierra."
Hechos 1:8

Notas adicionales

Objetivos #2

Inspirar el corazon del cryente

-INSPIRA-

"Puestos los ojos en Jesús, el autor y consumador de la fe, el cual por el gozo puesto delante de él sufrió la cruz, menospreciando el oprobio, y se sentó a la diestra del trono de Dios."
Hebreos 12:2

_____
_____
_____
_____
_____
_____
_____
_____
_____

Notas adicionales

Objective #3

Informar a la mente del cryente

"Haya, pues, en vosotros este sentir que hubo también en Cristo Jesús."
Filipenses 2:5

_____
_____
_____
_____
_____
_____
_____
_____
_____

Notas adicionales

Objetivos #4

Iluminar el llamado de Dios

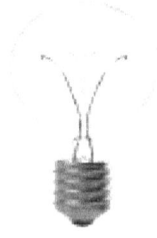

- Proverbios 11:30

- Isaías 6:8

- Isaías 12:4

- Mateo 28:18-20

_____
_____

- Timoteo 2:2

_____
_____

- Juan 8:31, 32

_____
_____

- 1 Corintios 11:1

_____
_____

- Mateo 5:16

_____
_____

Notas adicionales

PRINCIPIOS DEL EVANGELISMO

Principios #1

Las almas son el corazón de Dios

"El Señor no retarda su promesa, según algunos la tienen por tardanza, sino que es paciente para con nosotros, no queriendo que ninguno perezca, sino que todos procedan al arrepentimiento."
2 Pedro 3:9

Notas adicionales

Principio #2

El Evangelismo enseña el Evangelio

"Enseñándoles que guarden todas las cosas que os he mandado; y he aquí yo estoy con vosotros todos los días, hasta el fin del mundo."
Mateo 28:20

Notas adicionales

Principio #3

Un herramienta ordenada por Dios

"Por tanto, id, y haced discípulos a todas las naciones, bautizándolos en el nombre del Padre, y del Hijo, y del Espíritu Santo."
Mateo 28:19

Notas adicionales

Principio #4

El Evangelismo nos acerca a Dios

"Porque de tal manera amó Dios al mundo, que ha dado a su Hijo unigénito, para que todo aquel que en él cree, no se pierda, más tenga vida eterna."
Juan 3:16

_____
_____
_____
_____
_____
_____
_____
_____
_____
_____
_____

Notas adicionales

Principio #5

El Evangelismo elimina el velo

"En los cuales el dios de este siglo cegó el entendimiento de los incrédulos, para que no les resplandezca la luz del evangelio de la gloria de Cristo, el cual es la imagen de Dios."
2 Corintios 4:4

Notas adicionales

PRINCIPIOS DEL DISCIPULADO

Principio #1

El discipulado es una herramienta ordenada por Dios

"Enseñándoles que guarden todas las cosas que os he mandado; y he aquí yo estoy con vosotros todos los días, hasta el fin del mundo."
Mateo 28:20

_____
_____
_____
_____
_____
_____
_____
_____

Notas adicionales

Principio #2

El discipulado instaura y cultiva el Evangelio dentro de nosotros

"Desead, como niños recién nacidos, la leche espiritual no adulterada, para que por ella crezcáis para salvación."
1 Pedro 2:2

_____
_____
_____
_____
_____
_____
_____

Notas adicionales

Principio #3

El discipulado es para aquellos hallados en Cristo

"Mas a todos los que le recibieron, a los que creen en su nombre, les dio potestad de ser hechos hijos de Dios."
Juan 1:12

_____
_____
_____
_____
_____
_____
_____
_____
_____

Notas adicionales

Principio #4

El discipulado afina nuestra visión

"Hierro con hierro se aguza; Y así el hombre aguza el rostro de su amigo."
Proverbios 27:17

Notas adicionales

Principio #5

El discipulado explica la verdad

"Santifícalos en tu verdad; tu palabra es verdad."
Juan 17:17

Notas adicionales

Acerca del Autor

El DR. AARON R. JONES es el Pastor principal de la Iglesia de Dios New Hope. New Hope Kiddie Kollege, Inc (jardín de infancia) y New Hope Community Outreach Services, Inc se encuentran bajo su pastorado. El Dr. Jones también es supervisor de la Iglesia de Dios New Hope Ghana (2 iglesias) y la Iglesia de Dios New Hope Uganda (3 iglesias).

El Dr. Jones es un Obispo ordenado en la denominación de la Iglesia de Dios y es el Supervisor del Distrito DELMARVA-DC (16 iglesias). El Dr. Jones apoya en el Consejo Regional de DELMARVA-DC, en el Consejo del Programa de pasantías ministeriales, en el comité de ministerios urbanos, en el Comité financiero y en el Consejo de capellanes. También sirve en el Consejo Militar del Ministerio de DELMARVA-DC y la Iglesia de Dios Internacional. En su comunidad, el Dr. Jones sirve como capellán del Departamento de Policía del Condado de Charles. También sirve como Secretario del Consejo del United Ministers Coalition of Southern Maryland, Inc.

Obediente a 2 Timoteo 2:15, "Procura con diligencia presentarte a Dios aprobado... ," el Dr. Jones recibió un doctorado en Teología y Consejería Pastoral de la Life Christian University y un doctorado en Consejería Cristiana del American Christian College and Seminary. Es un Consejero Pastoral certificado con la Asociación de Profesionales de la

Consejería Cristiana. Es un Consejero Personal y Pastoral. Es el antiguo Vicepresidente Ejecutivo de National Bible College and Seminary en Fort Washington, Maryland.

El Dr. Jones ha publicado diez libros y un proyecto para ganar almas que ofrece una base bíblica para la doctrina y el discipulado Cristiano. Ha grabado un CD llamado Paz en la Tormenta. Es el fundador y dueño de God's Comfort Ministries, LLC, que ofrece literatura Cristiana, formaciones de evangelismo y guiatura espiritual. Ha aparecido en vivo en TCT Network, Atlanta Live de WATC-TV, Babbie's House (auspiciado por el artista del CCM Babbie Mason); e In Concert Today en DCTV. Ha participado en entrevistas de radio en el programa WYCB de Radio One, The Praise Fest Show; y en línea con Total Prayze. Apareció en la portada de la Revista Change Gospel y fe entrevistado por la revista Promoting Purpose.

El Dr. Jones no sólo le sirve a Dios, sino también a su país. Sirvió durante más de 20 años a las Fuerzas Armadas. Es un capellán retirado de la Guardia Nacional del Ejército. Participo en la Operación Águila Noble (Noble Eagle) en el 2003 y en la Operación Libertad para Iraq III (Operation Iraqi Freedom III) en el 2005.

El Dr. Jones se encuentra felizmente casado con, la anteriormente llamada, Sharon Russell. Cree sinceramente que sin su amor, apoyo y aliento no habría podido alcanzar muchas de sus metas.

Página de contacto

Dirección de correspondencia: 150 Post Office Road #1079

Waldorf, Maryland 20604

Sitio web: www.godscomfort.net

Correo electrónico: drjones@godscomfortmin.net

Facebook: God's Comfort Ministries

Twitter: @GodsComfort_Min

Instagram: @godscomfort_min

GOD'S COMFORT MINISTRIES

God's Comfort Ministries (GCM) ofrece libros prácticos, enseñanzas, formaciones y consejería a nuevos y experimentados creyentes.

GCM brinda el entendimiento de principios doctrinales de la Biblia.

Servicios prestados

Consejería personal y pastoral

Formaciones de Evangelismo y Discipulado

Guiatura espiritual

Consultoría para nuevos autores

Literatura cristiana